YÖTÖN YÖ

Ksantippa Särkinen

YÖN SYLISSÄ

pimeän tullen
valon vähetessä
unen täyttäessä
mielen ja kehon
tulevat esiin
kaikki pelot ja toiveet

TUSKA

kipu kehossa
lukkoja avaamatta
poistuvat pian
mielen parantuessa

KIPUKYNNYS

koko elämän
täyttänyt
kipu
toisten ymmärtämättä

HEVOSENKENKÄ

onnen tuoja
niinkuin neliapila
kuvastavat
mielen piristystä
antavat

PÄIVÄN LAUSE

Iskulause
kuvaannollinen
päivän uuden
aloittaa
todellisuuden tavoittaa

ANTEEKSIANTO

anteeksi pyytäen
vääryydet kärsineenä
parempaa toivoen
armon saaden

ONNELLISUUS

onnen tuoja
Luojan luoma
paljon nähnyt
uutta tuoden
onnea saaden

TUHKAA

pöydän päällä
mietteiden takia
kauan savutetut
sikarien

TÄHTITAIVAS

kirkkaan loistavat
tähdet yössä
yön valaisevat
Kuun säteet

VALOA NÄKYVISSÄ

yön selän taittuessa
valoa tulossa
pimeyttä poistaen
sielun kirkastaen

SYDÄMEN LAULU

kun avun saanut
tuskan poistuessa
kivun häipyessä
laulun syntyessä
sydän ilosta
hypähtäen

UNEN TAJUNTA

unen nähneenä
enteenä
kaiken saavana
uuden alkavana
mietteissä

KATSE TULEVAAN

tulevaisuus
loistava mahdollisuus
menneen unohtaen
anteeksi saadun
ja anteeksi annetun

AUTETTU

avun pyytäjälle
paljon annettu
kiitollisena
vastaanotettu

SYNNYTYS

uuden alku
synnytyksen kivulla
taiden luotu
uudistetttu

NUKKUMINEN

väsyneenä
sängyssä
nukkuu
unia nähden
uutta luoden

VALPASTUMINEN

heräämisen myötä
unien kaikotessa
silmät kirkkaina

TÄYSIKUU

täydenkuun aikaan
yön valaisee
oma kiertolaisemme

HELLYYDEN HERÄTYS

aamulla varhain
herätys hellä
unennäkijän
iloisena
uuteen päivään

KERTOMUS

herääjä
kertoo
uuden luomuksensa
kuulijat
ilon saavat

PELKOJEN KATOAMINEN

pelot poistuvat
yöt antavat
uutta voimaa
päivän kohtaamiseen

AAMUN TULLEN

vähitellen
valo saapuu
kauniin aamun
mukanaan tuoden

AAMUTOIMET

aamun alkavan
pienet asiat
hellästi herättävät
kiireettömään
päivään

AURINGONPAISTE

päivän alkaessa
Aurinko paistaa
kaiken kauniin
aikaan saa

KIMALLUS

säteet Auringon
saavat
kimalluksen aikaan
sydämiin

KAUNEUS

kauniit asiat
mietteet
ajatukset
puheet
ilmaisevat